Anifeiliaid Peryglus
gan Steve Parker
Dyluniwyd gan Jo Ryan
Addasiad Cymraeg gan Bethan Mair
RILY

Beth yw ysglyfaethwr?

Anifail sy'n hela ac yn lladd anifeiliaid eraill er mwyn eu bwyta yw ysglyfaethwr. Mae'n gallu gweld neu glywed yn wych, er mwyn dod o hyd i'w ysglyfaeth.

Ystlum clustiau mawr

Mae'r clustiau'n clywed popeth

Llewes

Dannedd hir, pigog

Mae ganddo grafangau miniog neu ddannedd pigog i ddal a lladd ei ysglyfaeth.

Mae ysglyfaethwyr o bob lliw a llun i'w cael – morfilod enfawr a theigrod craff, nadroedd llithrig a chorynnod slei. Ac mae'n well ganddyn nhw i gyd hela a lladd na bwyta planhigion!

Mae'r sgôr yn dangos pa mor llwyddiannus yw'r ysglyfaethwr wrth hela!

- ☠☠☠☠☠ (1 of 5) Yn ymosod, ond ddim yn llwyddo bob tro
- ☠☠☠☠☠ (2 of 5) Yn ymosod ac yn achosi niwed
- ☠☠☠☠☠ (3 of 5) Yn ymosod ac yn achosi niwed neu'n lladd
- ☠☠☠☠☠ (4 of 5) Yn lladd bron bob tro
- ☠☠☠☠☠ (5 of 5) Yn lladd bob tro

I roi syniad pa mor fawr yw'r anifeiliaid, gallwn gymharu eu maint ag oedolyn.

Siarc mawr gwyn

Anifail **brawychus** sy'n byw mewn dŵr cynnes yw'r siarc mawr gwyn. Er ei fod yn **ymosod** ar bobl, byddai'n well ganddo **fwyta** morlo neu forlew! Mae ei ddannedd yn **finiog** iawn. Fel pob siarc, pan fydd dant yn **torri**, bydd un arall yn symud i gymryd ei le.

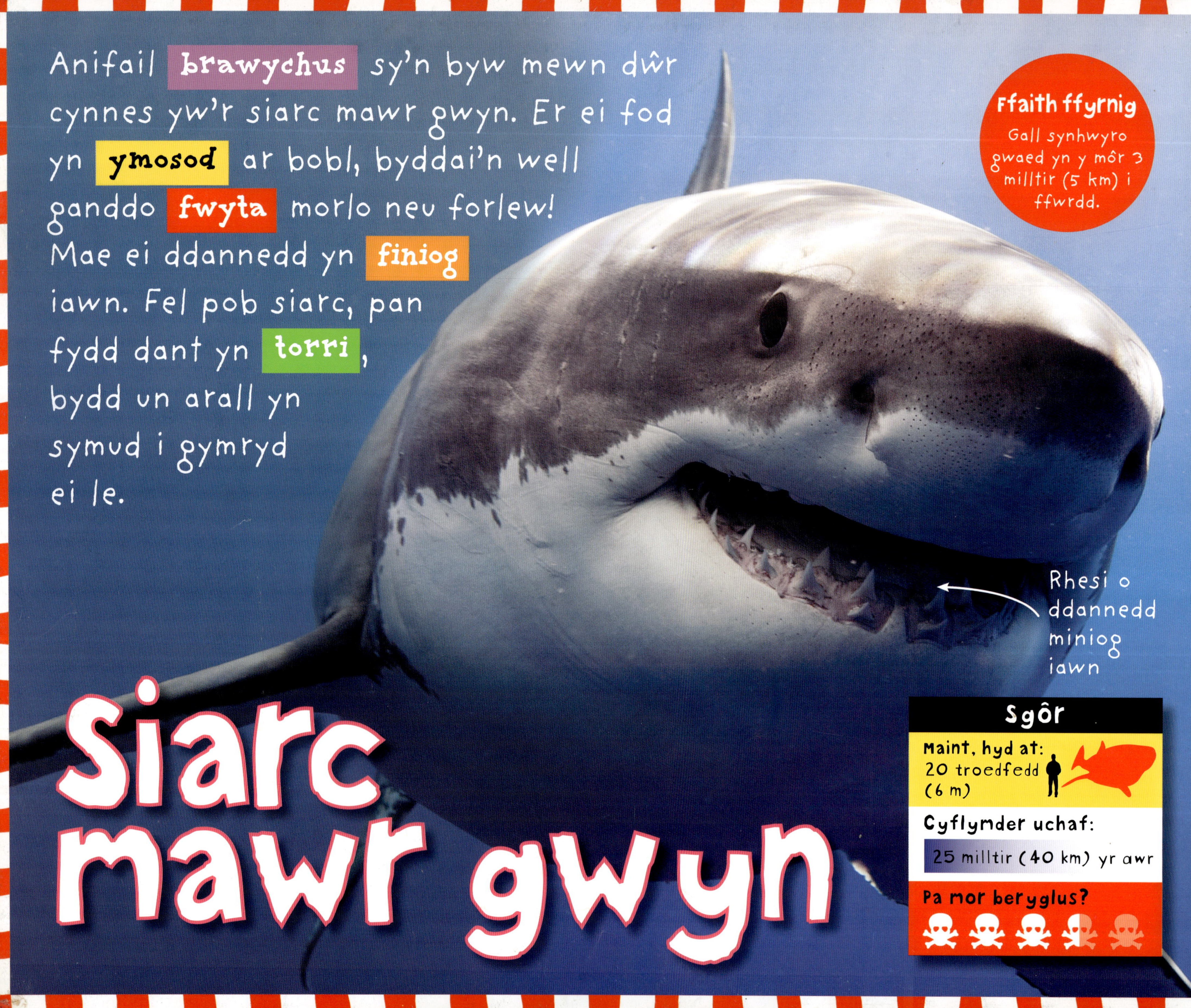

Llewpart hela

Mae ei gôt smotiog yn ei gwneud yn hawdd iddo guddio yng nglaswelltir Affrica

Ffaith ffyrnig

Gall gyrraedd cyflymder o 60 milltir (97 km) yr awr mewn tair eiliad!

Dyma'r anifail **cyflymaf** ar **dir**. Gall redeg ar gyflymder o 71 milltir (114 km) yr awr. Mae'n **bwyta** cwningod ac adar bach, ac anifeiliaid mwy fel ceirw. Mewn **grwpiau**, maen nhw hyd yn oed yn **hela** am sebra neu gnŵ.

Sgôr

Maint, hyd at: 5 troedfedd (1.5 m)

Cyflymder uchaf: 75 milltir (120 km) yr awr

Pa mor beryglus

Mamba ddu

Mae tu mewn i'w cheg – a'i thafod – yn ddu

Ffaith ffyrnig

Y famba ddu yw'r unig neidr sydd wedi lladd eliffant â'i brathiad marwol.

Gall y neidr hon **lithro'n** gyflym iawn. Mae'n **dringo** coed ac yn **nofio** fel pysgodyn! Ar ôl iddi ddal ei hysglyfaeth – llygoden fawr neu aderyn – mae'n cnoi â'i dau **ddant blaen** ac yn chwistrellu gwenwyn. Mae'r ysglyfaeth yn **marw** a gall y neidr ei **llyncu** ag un glec!

Sgôr

Maint, hyd at: 14 troedfedd (4.5 m)

Cyflymder uchaf:

Pa mor beryglus?

Arth wen

Ffaith ffyrnig

Gall hon nofio 100 milltir (161 km) ar y tro i chwilio am fwyd.

Dyma anifail ysglyfaethus **mwyaf** y byd. Mae ei chorff **cryf** a'i thraed **enfawr** yn torri drwy iâ trwchus i ddal morlo – ei hoff fwyd. Oherwydd bod ganddi **ffwr** gwyn, gall **gropian** yn agos at anifeiliaid eraill, heb iddyn nhw ei gweld.

Sgôr

Maint, hyd at: 10 troedfedd (3 m)

Cyflymder uchaf: 25 milltir (40 km) yr awr

Pa mor beryglus?

Crocodeil

Ffaith ffyrnig
Mae'r crocodeil yn gallu cnoi drwy asgwrn.

Ymlusgiad mawr, trwm yw hwn, ac mae ei geg yn llawn o ddannedd miniog. Bydd yn cuddio'n dawel mewn dŵr bas nes bod anifail mawr yn dod yno i gael diod, ac yna mae'r crocodeil yn ei fachu yn ei geg a'i dynnu i'r dŵr i'w foddi.

Teigr

Mae'r teigr yn anifail **mawr**, cryf, ac mae'n byw mewn coedwigoedd glaw, mynyddoedd a **glaswelltiroedd** yn Asia a Rwsia. Gall teigr **neidio** hyd at 32 troedfedd (10 m). Bydd yn lladd **byffalo** sydd bum gwaith mwy nag e drwy roi ei geg enfawr o gwmpas **gwddf** yr anifail, a'i rwystro rhag anadlu.

Mae'n aros yn amyneddgar cyn sleifio'n dawel bach ac ymosod ar ei ysglyfaeth

Ffaith ffyrnig

Mae teigrod yn bwyta pobl – maen nhw wedi lladd dros 16,000 o bobl yn India.

Sgôr

Maint, hyd at: 6 troedfedd (1.6 m)

Cyflymder uchaf: 40 (65 km) yr awr

Pa mor beryglus?

Eryr pysgod Affrica

Mae gan yr eryr **mawr** hwn **big** gryf a chrafangau hir, miniog. Mae'n gallu **gweld** yn dda iawn, a bydd yn chwilio am ei ysglyfaeth cyn **plymio** i'r llawr i'w dal. Mae ei **adenydd** yn llydan iawn – yn mesur hyd at 8 troedfedd (2.4 m) o led.

Ffaith ffyrnig

Mae'n gallu dal mwnci neu fflamingo – neu grocodeil bach!

Sgôr

Maint, hyd at: 30 modfedd (75 cm)

Cyflymder uchaf: 60 milltir (95 km) yr awr

Pa mor beryglus?

Morfil danheddog

Mae morfilod yn gweithio gyda'i gilydd er mwyn creu tonnau sy'n bwrw morloi oddi ar yr iâ

Ffaith ffyrnig

Mae'r morfil hwn yn ddigon dewr i ymosod ar siarcod – hyd yn oed rhai mawr gwyn!

Bydd morfilod yn aml yn hela mewn **grŵp** o'r enw **haid**. Gyda'i gilydd, gall yr haid hela anifail **mwy** – morfil **enfawr**, hyd yn oed. Mae'r **nofwyr** cyflym hyn hefyd yn bwyta pysgod, sgwid, morloi ac adar y môr fel yr albatros a'r pengwin.

Sgôr

Maint, hyd at: 32 troedfedd (7.8 m)

Cyflymder uchaf: 30 milltir (50 km) yr awr

Pa mor beryglus?

Ffaith ffyrnig

Gall pirana llwglyd gnoi mor wyllt nes ei fod yn cnoi piranas eraill!

Yn afonydd, llynnoedd a chorsydd De America, efallai nad yw un pirana ar ei ben ei hun yn bysgodyn **peryglus**. Ond pan fydd **grŵp** mawr ohonyn nhw'n arogleuo **gwaed**, maen nhw'n ymosod yn **ffyrnig** ar unrhyw beth, bron, â'u **cannoedd** o ddannedd miniog, gan gnoi'n **gyflym iawn**.

Llond ceg o ddannedd i rwygo cnawd

Sgôr

Maint, hyd at:
12 modfedd
(30 cm)

cyflymder uchaf:
15 milltir (25 km) yr awr

Pa mor beryglus?

Blaidd llwyd

Mae'n medru clywed yn dda iawn – hyd yn oed sŵn deilen yn cwympo i'r ddaear

Ffaith ffyrnig
Ganol nos, mae cri arbennig y blaidd i'w chlywed am 10 milltir (16 km).

Mae'r blaidd yn **hoff iawn** o fwyta **cig**, ond gall fyw ar ffrwythau a phlanhigion eraill. Bydd yn **hela** cwningod ac adar, ond gall **grŵp** o fleiddiaid ladd anifeiliaid **enfawr** fel ceirw a gwartheg gwyllt mewn rhannau anghysbell o Ogledd America, Asia ac Ewrop.

Sgôr

Maint, hyd at:
5 troedfedd (1.6 m)

cyflymder uchaf:
40 (64 km) yr awr

Pa mor beryglus?

Affrica yw **cartref** arferol yr anifail hwn. Gall mongŵs ymosod yn sydyn â'i ddannedd a'i grafangau **miniog**, gan **fwyta** madfall, broga, aderyn neu chwilen fawr. Mae'n fach, yn **ystwyth** ac mae ei goesau byr yn medru dilyn llygod mawr i'w **tyllau**.

Ffaith ffyrnig

Mae'r mongŵs yn lladd nadroedd peryglus drwy symud yn gyflym, ac mae ei ffwr trwchus yn ei amddiffyn rhag eu brathiad.

Mongŵs

Sgôr

Maint, hyd at: 25 modfedd (64cm)

Cyflymder uchaf: 15 milltir (24 km) yr awr

Pa mor beryglus?

Arth frown

Gall yr anifail hwn **fyw** ar ffrwythau, aeron a mêl **gwenyn** gwyllt, ond mae'n ddigon mawr a chryf i hela ceirw, defaid a geifr. Yn yr **hydref** mae'r arth wrth ei bodd yn **bachu** pysgod mawr o afonydd â'i chrafangau **hir**.

Eog yw hoff fwyd yr arth frown – mae'n ei rwygo'n ddarnau cyn ei fwyta.

Ffaith ffyrnig

Mae'r arth frown yn bwyta 25 eog mawr bob dydd yn yr hydref, wrth iddi baratoi at gysgu drwy'r gaeaf.

Sgôr

Maint, hyd at: 8 troedfedd (2.4 m)

cyflymder uchaf: 30 (48 km) yr awr

Pa mor beryglus?

Bolgi

Er ei fod yr un maint â chi bach, mae'r bolgi'n ysglyfaethwr **cryf** a pheryglus. Gall hela **carw** sydd sawl gwaith mwy nag e. Mae'n byw yn oerfel y gogledd, lle mae'n rhaid iddo ymosod ar ei **ysglyfaeth** yn gyflym – efallai na fydd yn cael pryd **arall** o fwyd am ddyddiau.

Ffaith ffyrnig

Bydd bolgi'n ymladd â blaidd, lyncs, a hyd yn oed ag arth fawr, er mwyn dwyn eu bwyd.

Bydd yn teithio'n bell iawn i chwilio am fwyd

Sgôr

Maint, hyd at: 4 troedfedd (1.1m)

Cyflymder uchaf: 30 milltir (30 km) yr awr

Pa mor beryglus?

Llewpart

Y llewpart yw'r mwyaf **niferus** o blith y cathod mawr, ac mae'n byw yn Affrica ac Asia. Gall fyw yn **unrhyw le** – bryn **caregog** neu goedwig dywyll, cors neu hyd yn oed ar dir fferm. Mae'r llewpart yn **hela** **creaduriaid** o bob lliw a llun – chwilen, llygoden, antelop a hipo!

Mae hwn yn cuddio yn y coed ac yn llamu ar ei ysglyfaeth

Ffaith ffyrnig

Gall llewpart lusgo corff anifail sy'n pwyso ddwywaith cymaint ag e i'r cysgod er mwyn bwyta mewn llonydd.

Sgôr

Maint, hyd at: 8 troedfedd (2.4 m)

Cyflymder uchaf: 35 milltir (56 km) yr awr

Pa mor beryglus?

Er ei bod yn edrych yn **wan** ac yn llipa, y slefren fôr yw un o'r creaduriaid mwyaf **peryglus** yn y **byd**. Ar ei dentaclau hir mae pigiadau sy'n chwistrellu **gwenwyn** cryf i mewn i gorff unrhyw greadur sy'n eu cyffwrdd. Bydd y tentaclau'n mynd yn **fyrrach** er mwyn tynnu'r creadur i **geg** y slefren.

Mae'r gwenwyn yn effeithio ar bob rhan o'r corff, gan gynnwys y galon a'r croen

Ffaith ffyrnig

Gall gwenwyn y slefren fôr ladd person mewn llai na 4 munud.

Slefren fôr bocs

Sgôr

Maint, hyd at: 10 troedfedd (3 m)

Cyflymder uchaf: 5 milltir (8 km yr awr)

Pa mor beryglus?

Draig Komodo

Ffaith ffyrnig
Mae poer y ddraig yn llawn germau. Hyd yn oed os bydd ei ysglyfaeth yn llwyddo i ddianc ar ôl iddi ei chnoi, bydd yn marw o afiechyd.

Poer gwenwynig yn hongian o'i cheg

Y ddraig hon yw madfall **fwya'r** byd. Mae ganddi **grafangau** hir, ceg gryf a dannedd miniog. Mae'n **hela** creaduriaid fel moch gwyllt neu geirw bach, a'u lladd drwy eu **taro** â'i chynffon enfawr. Cig meddal a **drewllyd** yw ei hoff fwyd.

Sgôr

Maint, hyd at: 10 troedfedd (3 m)

Cyflymder uchaf: 11 milltir (18 km) yr awr

Pa mor beryglus?

Tarantwla

Dyma gorryn blewog a chryf iawn sy'n fwy na maint eich **llaw**! Gall hwn wenwyno anifeiliaid wrth eu **cnoi**. Mae'r tarantwla yn bwyta **adar** – yn ogystal â llygod, llygod mawr, ystlumod, madfallod, nadroedd, chwilod, mwydod – hyd yn oed **gorynnod** eraill!

Sgôr

Maint, hyd at: 11 modfedd (28 cm)

Cyflymder uchaf: 18 milltir (29 km) yr awr

Pa mor beryglus?

Llewes

Y llew gwryw sy'n rhuo ac yn cadw llewod o grwpiau eraill draw, ond gwaith y fenyw, neu'r llewes, yw **hela** am fwyd. Mae hi'n **codi ofn** ar yr anifail y mae'n ei hela – fel sebra neu gnŵ – er mwyn iddo redeg i gyfeiriad llewod eraill sy'n **cuddio** yn y borfa – dyna'r **trap**!

Ffaith ffyrnig

Gall llew fwyta 60 pwys (27 kg) o gig ar un tro – digon o fwyd i un person am fis!

Sgôr

Maint, hyd at: 8 troedfedd (2.4 m)

Cyflymder uchaf: 50 milltir (80 km) yr awr

Pa mor beryglus?

[illegible] rawychus yn codi ofn ar greaduriaid eraill

Ffaith ffyrnig

Gall morlo llewpart fwyta saith pengwin mewn diwrnod, ond fel arfer mae'n gadael y plu a'r pigau ar ôl.

Mae gan y morlo hwn smotiau fel llewpart, ond mae'r morlo **ddwywaith** maint y llewpart, ac yn **gryf** iawn. Ym moroedd oer yr Antarctig mae'r lladdwr **pwerus** hwn yn **hela** pengwiniaid, pysgod, sgwid a morloi bach.

Sgôr

Maint, hyd at:
11 troedfedd (3.6 m)

Cyflymder uchaf:
20 milltir (32 km) yr awr

Pa mor beryglus?

Sgorpion
Mae'r gwenwyn yn y gynffon yn gallu parlysu'r ysglyfaeth
Bydd y sgorpion yn sleifio o
yn y nos yn chwilio am fwyd –
madfall neu lygoden. Mae'n
ynddo â'i ddau
binsiwrn mawr,
chwistrellu
gwenwyn
yn rhwygo'r
ddarnau â'i
Ffaith ffyrnig
Mae'n hoffi cuddio mewn llefydd oer a thywyll – mewn esgid neu faneg!
Maint, hyd at: 8 modfedd (20 cm)
Cyflymder uchaf:
12 milltir (8 km) yr awr
Pa mor beryglus?

Mae'r anifail hwn yn **rhwygo** croen ac yn **crensian** esgyrn sydd wedi'u gadael ar ôl gan anifeiliaid eraill. Ond mae'r udfil hefyd yn dda iawn am hela – gall **grŵp** ohonyn nhw ladd **sebra**!

Gall hwn redeg yn bell iawn wrth hela, nes ei fod yn dal ac yn lladd ei ysglyfaeth

Ffaith ffyrnig

Gall grŵp fwyta sebra cyfan mewn hanner awr, yn cynnwys yr esgyrn, y ffwr a'r carnau!

Udfil

Sgôr

Maint, hyd at: 5 troedfedd (1.6 m)

Cyflymder uchaf: 40 milltir (64 km) yr awr

Pa mor beryglus?

Er ei fod yn edrych fel pe bai ar ei liniau'n **gweddïo**, chwilio am fwyd y mae e – unrhyw greadur bach a ddaw'n agos ato. Mewn **eiliad**, bydd yn cau ei goesau am ei **ysglyfaeth**, a'i daro â'i **bigau**, yna bydd yn bwyta'r creadur tra mae hwnnw'n dal yn **fyw**.

Ffaith ffyrnig

Mae'r mantis yn dal ei ysglyfaeth yn hanner yr amser mae'n ei gymryd i berson gau ac agor ei lygaid.

Mantis gweddïol

Sgôr

Maint, hyd at: 6 modfedd (7.5 cm)

Cyflymder uchaf: 2 milltir (3 km) yr awr

Pa mor beryglus?

Môr-grwban brathog

Gall aros o dan y dŵr am 40 neu 50 munud cyn gorfod dod i'r wyneb i anadlu

Ffaith ffyrnig

I bysgodyn, mae'r darn bach coch ar waelod ceg y crwban yn edrych fel mwydyn – SNAP!

Er nad oes **dannedd** gan hwn, gall ei **geg** finiog, gryf, **dorri** pysgodyn yn ei hanner yn hawdd – neu froga, neidr, madfall, aderyn, neu **grwban** arall, hyd yn oed. Mae'r crwban hwn yn bwyta sawl math o fwyd.

Sgôr

Maint, hyd at:
30 modfedd (75 cm)

Cyflymder uchaf:
2.5 milltir (4 km) yr awr

Pa mor beryglus?

Tylluan yr eira

Mae plu gwyn y **dylluan** yn debyg iawn i eira a iâ y **gogledd** pell – yr enw ar hyn yw **cuddliw**. Fydd creaduriaid fel llygod ac adar bach ddim yn **sylwi** arni nes bydd **crafangau** miniog y dylluan wedi eu **dal** a dechrau eu rhwygo'n ddarnau.

Bydd tylluan yr eira'n aros ar ei chlwyd yn gwylio ac yn gwrando

Ffaith ffyrnig

I fyw yn yr Arctig oer, rhaid i dylluan yr eira fwyta 10 llygoden neu greadur tebyg bob dydd.

Sgôr

Maint, hyd at: 2 troedfedd (67 cm)

Cyflymder uchaf: 50 milltir (80 km) yr awr

Pa mor beryglus?

Geirfa

Crafangau

Darnau miniog ar fysedd traed anifail sy'n cael eu defnyddio i daro, rhwygo, palu a chrafu.

Cuddliw

Lliw a phatrwm anifail sy'n debyg i'w amgylchedd ac yn help iddo guddio.

Gwenwyn

Sylwedd y bydd anifail yn ei chwistrellu i mewn i ysglyfaeth neu elyn, gan ddefnyddio'i ddannedd neu bigau. Mae'n achosi niwed ac weithiau'n lladd.

Haid

Grŵp o un math o anifail sy'n hela neu'n byw gyda'i gilydd.